LA CAMPAGNE
DU TONKIN

PAR

CHRISTIAN SOLAR

Membre de la Société des Etudes coloniales et maritimes

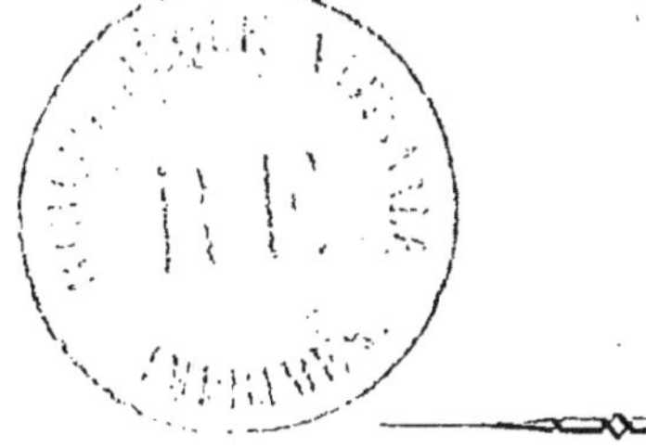

PARIS

IMPRIMERIE DUBUISSON ET Cie

5, RUE COQ-HÉRON, 5

—

1884

LA CAMPAGNE

DU TONKIN

PAR

CHRISTIAN SOLAR

Membre de la Société des Etudes coloniales et maritimes

PARIS

IMPRIMERIE DUBUISSON ET Cⁱᵉ

5, RUE COQ-HÉRON, 5

—

1884

LA CAMPAGNE

DU TONKIN

I

Dans une brochure publiée au commencement de cette année, nous disions en substance, en parlant de l'expédition du Tonkin (1) :

« Nous n'admettrons jamais, quoi qu'on pense, que la Chine nous oblige à reculer devant elle et que l'expédition du Tonkin soit, pour la France, une nouvelle campagne du Mexique, qui la ruinera en hommes et en argent. »

Les événements ont dépassé notre espérance.

Quelques mois se sont à peine écoulés et nous sommes maîtres du Delta.

La Chine, dont on essayait de nous faire un épouvantail, qui armait, disait-on, sur toute la ligne, s'est contentée d'envoyer quelques milliers de soldats réguliers soutenir des bandes de pirates désignés sous le nom de Pavillons noirs et secourir les places assiégées.

Mais si on en excepte celle de Song-Tay dont la résistance a été la plus énergique, ils ont fui rapidement devant nos soldats.

(1) *La France Coloniale et le Protectorat tunisien.* — Chaix 1884.

La Chine se serait bien gardée de nous déclarer ouvertement la guerre.

Elle a menacé, mais suivant les traditions du caractère asiatique, mélange d'astuce et de naïveté, elle a toujours cherché à s'abriter derrière les équivoques.

Le drapeau français flotte en ce moment sur Hanoï, Song-Tay, Bac-Ninh et Hong-Hoa.

Une paix avantageuse et des plus honorables pour la France vient de terminer la campagne.

L'œuvre d'organisation commence.

Avec une administration paternelle et conciliatrice, les résultats se feront rapidement sentir.

C'est par la modération, la patience, la justice, le respect des mœurs et des croyances, que nous parviendrons à prouver aux indigènes que le gouvernement de la République n'agit pas dans un seul but de conquête.

Que la France, fidèle à sa mission civilisatrice, ne cherche qu'à travailler au développement des richesses qui abondent dans l'extrême Orient, et qu'elle a surtout en vue une politique de désintéressement et d'humanité.

La voie du fleuve Rouge est virtuellement ouverte, sous notre protectorat, au commerce européen.

Le traité conclu récemment à Hué n'est plus une lettre morte, nous sommes en mesure de le faire exécuter intégralement dans toutes ses clauses.

Au moment où la concurrence étrangère et l'augmentation toujours croissante de la main-d'œuvre font subir à l'industrie et au commerce une crise dont on ne peut prévoir la fin, les armes de la France viennent de conquérir un champ immense à l'activité humaine.

L'homme de cœur et de bonne volonté, le travailleur, trouvera amplement de quoi satisfaire sa juste ambition, soit en s'expatriant, soit en profitant du débouché commercial qui s'ouvre devant lui.

Jamais il ne se sera présenté une occasion plus propice de prouver que nous sommes capables de fonder une colonie florissante.

L'avenir appartient à ces courageux, que nous ne confondrons jamais avec la classe des meneurs, faux travailleurs qui ne cherchent que le trouble et les agitations pour satisfaire leur égoïste ambition et qui, le plus souvent, abusent de la crédulité des naïfs, pour les entraîner et les abandonner au moment du péril !

Le percement du canal de Suez sera incontestablement un des événements les plus considérables de ce siècle.

Les conséquences en sont impossibles et incalculables à prévoir.

Non seulement il a ouvert une voie de communication entre l'extrême Orient et la vieille Europe, ce qui est déjà suffisant pour immortaliser à jamais le Français illustre qui en a été le promoteur ; mais encore il a donné une impulsion immense aux esprits chercheurs, avides de connaître, d'étudier et de trouver.

Il est impossible de ne pas être frappé du mouvement d'opinion qui se produit chez nous depuis dix ans et qui pousse les hommes d'initiative et d'intelligence à s'occuper de pays jusqu'alors inexplorés.

Depuis le milieu du dix-huitième siècle, il ne s'est peut-être pas manifesté un élan aussi grand, une tendance aussi accentuée, à s'occuper d'études coloniales, maritimes et commerciales.

Partout, à Paris comme en province, se fondent des sociétés d'études géographiques qui deviennent rapidement prospères et voient chaque jour augmenter leurs adhérents.

Il suffit de suivre ces réunions où des hommes pratiques et expérimentés viennent exposer les résultats de leurs travaux, discuter et apprécier l'avenir colonial de la France, pour être frappé de l'empressement du public et de l'intérêt croissant qu'il y porte.

Des pays presque inconnus jusqu'ici sont sillonnés par ces pionniers de la civilisation et de la science, qui vouent leur courage et leur intelligence à la gloire et à la grandeur de la mère patrie.

Partout se découvrent ou se créent des voies nouvelles, qui mettent en communication les peuples les plus éloignés et les plus divers, et par où pénètre notre génie civilisateur.

On perce les isthmes, on exploite les rivières, on tente de creuser des mers intérieures.

On fonde des établissements et des stations afin d'assurer et de protéger les communications.

Les compagnies se forment, les ingénieurs sont à l'œuvre.

En un mot, le mouvement se communique et s'étend sur le monde entier.

Le Gouvernement, avec raison, encourage et protège ces tentatives.

Il a compris que, sous peine de déchoir, la France, puissance maritime de premier ordre, ne peut se désintéresser de ce qui se passe au delà des mers et principalement dans l'extrême Orient.

L'expédition du Tonkin est certainement celle qui a été la plus décriée.

L'opposition n'a pas manqué de s'en faire une arme

contre le ministère, car l'esprit de parti domine tout et l'intérêt de la France disparaît trop souvent devant la passion politique.

On a trop oublié que nous avions en Asie des intérêts importants et des établissements considéra-bles.

Une partie de la Cochinchine nous appartient, le Cambodge est sous notre protectorat, sans compter nos colonies de l'océan Indien.

Devions-nous donc laisser outrageusement violer les droits que nous donnaient les traités ?

Cette abdication de la France, cette indifférence vis-à-vis de ses colonies aurait été funeste et serait deve-nue irrémédiable.

L'expédition qui vient de se terminer d'une façon si heureuse et si rapide était depuis longtemps néces-saire.

Elle a relevé notre prestige.

Même dans ces régions éloignées, nos désastres de 1870 avaient été exploités. Ces peuples à demi bar-bares étaient convaincus que la France meurtrie et sanglante était impuissante à se relever et incapable de les affronter.

Notre brave armée vient de leur prouver qu'il n'en était rien.

Aussi sommes-nous heureux de pouvoir envoyer de loin à nos courageux soldats un témoignage, qui n'est que l'écho de la reconnaissance de la Patrie pour le dévouement et le courage avec lesquels ils ont sou-tenu l'honneur du drapeau.

A ce sujet, nous formulerions un vœu ; nous vou-drions qu'il existât à la chancellerie de la Légion d'hon-neur, ou au ministère de la guerre, un *livre d'or* sur lequel serait inscrit tout homme, simple soldat ou officier, tué en combattant ou blessé mortellement, avec cette mention : *mort au champ d'honneur*. Qu'un avis officiel constatât l'inscription sur ce registre.

Ce serait pour le père, pour la mère qui aurait fait le sacrifice de son enfant à la patrie ; pour le frère, pour la sœur, pour la famille enfin, un souvenir glorieux qu'on se transmettrait comme un titre de noblesse, et qui en vaudrait bien un autre !

Pour les survivants, nous avons des récompenses ; pour ceux qui ont péri, nous n'avons que des regrets collectifs. Et quel encouragement à faire son devoir et à affronter la mort pour celui qui saura que, s'il périt, sa mémoire sera particulièrement honorée, et que la gloire de sa mort rejaillira sur les siens.

Nous sommes persuadés qu'un projet dans ce sens serait non seulement accueilli avec enthousiasme par la Chambre, mais que le député qui en prendrait l'initiative attacherait son nom à une mesure dont la justice n'échappera à personne.

II

Le Tonkin, limité au nord par les provinces chinoises du Yunnan ; au sud, par la Cochinchine ; à l'est, par le golfe du même nom ; à l'ouest, par la chaîne de montagnes du bassin du Mékong et les Etats du Laos, mesure environ cent cinquante hectares de superficie, à peu près le tiers du territoire de la France.

Il forme avec la Cochinchine le royaume d'Annam dont la capitale est Hué.

Il est sillonné par une multitude de petits fleuves

dont le principal est le fleuve Rouge, qui descend des plateaux du Yunnan, de l'ouest à l'est, et vient se jeter dans le golfe du Tonkin.

Ce fleuve forme, à cent trente milles de son embouchure, un immense delta, qui est la partie la plus peuplée.

Par sa position voisine de la zone tempérée, le climat du Tonkin est absolument sain.

Les indigènes y cultivent le thé, le riz, le ricin.

Les bois précieux de rose, d'ébène, de sapan, de santal, etc., y abondent.

Il y existe de nombreuses mines d'or, surtout dans les montagnes du haut Tonkin.

On y trouve des mines d'argent, de cuivre, de zinc, de plomb argentifère, de bismuth, de fer, d'antimoine, de houille.

Toutes ces richesses, voisines du fleuve Rouge, et par conséquent de la mer, pourront trouver de faciles débouchés, grâce à cette voie de communication.

Bien que les Tonkinois soient un peuple d'agriculteurs, ils fabriquent avec la nacre et l'écaille, qu'ils pêchent sur les côtes, des meubles incrustés dans le genre chinois et japonais très appréciés des connaisseurs (1).

On voit par cette description que nous n'avions rien exagéré en disant que l'activité humaine avait devant elle un vaste champ à exploiter.

L'avenir justifiera amplement, nous en sommes certains, nos prévisions.

Un homme dont le nom restera indissolublement lié à la conquête du Tonkin, Jean Dupuis, a été le premier Européen qui ait constaté la possibilité de remonter le fleuve Rouge.

---

(1) Ces renseignements ont été recueillis dans une conférence de M. Millot, faite à la Société des études coloniales et maritimes.

*****

C'est à lui que revient la gloire d'avoir trouvé le passage qui met en communication avec la mer les provinces occidentales de la Chine.

Des détracteurs essayeront peut-être de lui en contester l'honneur, mais nous vivons heureusement à une époque de liberté, où, quoi qu'on fasse, la vérité ne perd pas ses droits et ne peut être éternellement étouffée.

Épris des aventures et des voyages, M. Dupuis avait quitté la France fort jeune.

Établi depuis plusieurs années dans le Yunnan, il avait étudié la langue chinoise et s'était familiarisé avec les mœurs des Asiatiques.

D'un caractère conciliant quoique énergique, il avait su se créer des relations précieuses et importantes parmi les plus grands personnages.

Devenu l'homme de confiance du maréchal Mâ, celui-ci, reconnaissant en lui un homme d'initiative et de courage, l'avait chargé de reprendre sur les rebelles la ville de Tali-Fou, dernier boulevard de l'insurrection musulmane.

Débarqué au Tonkin en 1869, M. Dupuis, abandonné par son escorte, parcourut presque seul, au milieu de dangers de toutes sortes, une grande partie du fleuve Rouge. Il le trouva navigable et revint au Yunnan faire part de sa découverte aux mandarins.

Ayant compris l'importance qu'il pouvait y avoir à établir des relations commerciales avec le Tonkin, dont les richesses étaient, pour ainsi dire, inconnues, M. Dupuis songea à en faire profiter son pays.

Il vint à Paris afin d'en entretenir le ministre de la marine.

Malheureusement, c'était au lendemain de nos désastres.

La France, mutilée et brisée, ne songeait qu'à panser ses blessures et à se recueillir.

M. Dupuis trouva donc auprès du gouvernement, de la bienveillance, des encouragements, des facilités même, mais pas de secours effectifs.

Il ne se découragea pas, et, persuadé qu'il arriverait à découvrir le passage tant cherché, il résolut de tenter l'aventure avec ses propres ressources.

Pendant qu'il organisait son expédition, il eut le bonheur de rencontrer M. Millot, ancien négociant à Shang-Haï, qu'il avait connu dans ses voyages.

M. Millot, homme intelligent et expérimenté, comprit les avantages de la proposition et accepta d'accompagner M. Dupuis comme second.

Ce dernier a écrit le journal de l'expédition en un volume publié en 1880 par la Bibliothèque d'aventures et de voyages et intitulé : *La conquête du Tonkin par dix-sept Français.*

On croit rêver en lisant ce récit, si mouvementé et si vivant de la conquête d'un pays, au milieu de dangers et de tribulations qui auraient découragé des natures moins bien trempées.

L'énergie déployée par ces hommes de cœur dépasse l'imagination.

Cette expédition, couronnée d'un plein succès, avait par la mission de Francis Garnier reçu la sanction de la France, lorsque des événements funestes vinrent l'anéantir.

Laissons la parole à M. Millot, qui, dans une conférence des plus intéressantes, est venu raconter, à la Société des Études coloniales et maritimes, toutes les phases de cette expédition qui semble être du domaine de la fantaisie et du roman :

« Notre expédition se composait de deux canonnières à vapeur, *le Hong-Kiang* et *le Lao-Kaï*, une chaloupe à vapeur *le Song-Tay*, et un bâtiment à voiles chinois ou grande jonque.

» Plus tard, l'expédition s'adjoignit un vapeur à roues de rivière *le Mang-Hao*.

» Elle comprenait, en outre, un personnel de vingt-cinq Européens et environ cent vingt-cinq Malais ou Chinois.

» Nos navires avaient été armés de trente pièces de canon de 16, de 12 et de 4, et l'équipage avait des fusils chassepot et des revolvers.

» L'expédition avait été organisée sans aucune subvention de la France.

» Nous sommes arrivés au Tonkin le 8 novembre 1872.

» Le gouverneur de la Cochinchine avait envoyé l'aviso le *Bourayne* aux embouchures du fleuve Rouge pour faciliter le passage de notre expédition à travers le Tonkin.

» Le 18 novembre, nous sommes arrivés au port d'Haï-phong où nous avons rencontré le *Bourayne*.

» Le commandant nous invita à déjeuner à son bord, afin de nous présenter au grand mandarin annamite Ly-Tuang, commissaire royal extraordinaire, commandant supérieur des trois provinces maritimes.

» Là, fut traitée la question de notre passage à travers le Tonkin.

» Les conditions étant arrêtées il fallait la sanction du roi Tu-Duc. Un délai de quinze jours fut fixé pour cette formalité, mais dès que le *Bourayne* fut parti, le mandarin annamite nous dit qu'il avait été bien léger, en se contentant de quinze jours, qu'une affaire aussi importante nécessitait des mois et des mois, peut-être un an.

» En même temps, il nous conseillait de retourner en Chine à Hong-Kong, pour attendre la réponse du roi ; réponse qui ne devait jamais arriver, bien entendu.

» Sans plus tarder, notre expédition se dirigea sur Hanoï, ancienne capitale du Tonkin, où nous arrivâmes le 22 novembre 1872.

» Il y avait plus de vingt-cinq mille Chinois sur la digue pour voir nos navires et les Européens qui arrivaient dans leur pays.

» Les mandarins, en voyant que notre poignée d'hommes avait pu arriver jusqu'au cœur du Tonkin malgré les embûches de toutes sortes qui nous avaient été tendues, furent frappés de terreur et cette terreur n'eut d'égale que la joie des Tonkinois qui croyaient voir arriver leurs libérateurs.

» En effet, la tyrannie des mandarins sur les Tonkinois est devenue tellement pesante, qu'il faut à ce peuple toute la patience et la douceur dont il est doué pour les supporter.

» L'hostilité des mandarins annamites s'accentua de plus en plus, ils nous suscitèrent mille embarras pour nous empêcher de continuer notre route, mais toutes leurs manœuvres furent déjouées.

» Notre matériel de guerre fut chargé sur des bateaux et M. Dupuis partit pour le Yunnan, le 18 janvier, me laissant le commandement des bateaux mouillés à Hanoï. »

Après le départ de M. Dupuis, les hostilités des mandarins annamites s'accrurent considérablement.

Par la terreur et les mauvais traitements, ils voulaient obliger les malheureux Tonkinois à n'avoir aucun rapport avec la flottille que commandait M. Millot. Ils les forçaient par des menaces à ne pas exécuter les marchés qui avaient été conclus pour fournir à l'expédition les vivres et les provisions dont elle avait besoin.

M. Millot, apprenant un jour que le capitaine de port avait défendu aux bateliers indigènes qu'il employait de le servir, sous peine de cent francs d'amende et de cent coups de rotin par jour, se décida, pour en finir, à l'aller trouver lui-même accompagné d'un interprète et de quelques hommes bien armés.

Laissons encore la parole à M. Millot :

« A peine étions-nous arrivés au milieu du fleuve, que l'interprète me montrant une barque qui passait à quelque distance de nous, me dit : « Le capitaine de port est dans cette barque. » Immédiatement, nous nous dirigeâmes sur cette embarcation que nous rejoignîmes bientôt. Sautant près du capitaine, je le saisis au collet en criant : « Ah ! misérable, de quel droit avez-vous défendu à ces braves bateliers de nous servir, vous mériteriez d'être fusillé ! »

» Le capitaine de port se croyant perdu, s'écria : « Grand mandarin français, je vous en supplie, grand mandarin français, ne me fusillez pas, j'ai une femme et cinq enfants ! Je ne suis qu'un pauvre petit mandarin qui exécute des ordres. »

» Après les pourparlers, je reconnus que le chef du canton était le vrai coupable, je me fis conduire près de lui, le saisis à bras le corps et le secouai vivement. Mais je me sentis tout à coup pris par derrière, c'était la femme du chef, qui, croyant que je voulais tuer son mari, essayait de m'en empêcher et s'écriait : « Grand mandarin français, ne tuez pas mon mari ».

» Je ne pus m'empêcher de rire du groupe que nous formions en ce moment. »

Sur ces entrefaites, M. Dupuis étant revenu du Yunnan avait repris le commandement de l'expédition.

L'audace des mandarins n'avait fait qu'augmenter, surtout depuis l'arrivée à Hanoï du grand maréchal Nguyen-Tri-Phuang, qui avait longtemps lutté contre les troupes françaises à Saïgon.

On levait des troupes, on augmentait les garnisons, on plaçait des barrages sur le fleuve Rouge.

Enfin, le maréchal résolut d'en finir d'un seul coup avec les Français, et, à la tête de cinq mille combattants, il se décida à les attaquer.

Aux premières décharges, ce fut parmi les assaillants un sauve-qui-peut général, le maréchal fut le premier à prendre la fuite.

Les Tonkinois étaient dans la joie. Ils appelaient de tous leurs vœux la France qui devait venir les débarrasser du joug odieux des mandarins.

C'est alors qu'arriva à Hanoï l'expédition commandée par le brave Francis Garnier.

Il vit aussitôt qu'il aurait à lutter contre les mauvaises dispositions des mandarins annamites.

Le maréchal levait partout des troupes, annonçait qu'il allait s'emparer de ces brigands de Français et leur faire couper la tête.

Il fallait un coup d'éclat, pour affirmer notre prestige et assurer notre sécurité.

Garnier le comprit et décida l'attaque de la citadelle.

Le 20 novembre, à six heures du matin, l'assaut fut donné.

Au signal convenu, les canonnières lancèrent des obus sur la ville et les soldats de marine attaquèrent deux portes de la citadelle.

En trente-cinq minutes, elle fut prise avec quelques milliers de prisonniers et la plupart des mandarins, le grand maréchal lui-même, blessé pendant l'assaut, expirait le lendemain.

Les compagnons de Francis Garnier, accomplissant en quelques semaines des prodiges de valeur, s'emparaient des principales places fortes.

Presque toutes les provinces de l'empire avaient fait leur soumission, et les Tonkinois arrivaient en foule s'engager dans nos rangs.

Déjà Francis Garnier, secondé par M. Dupuis, se préparait à occuper Song-Tay lorsqu'un ambassadeur arriva de Hué, porteur de propositions de paix.

Immédiatement on conclut un armistice pour en discuter les conditions.

Pendant que Garnier était en conférence avec les ambassadeurs annamites, on vint l'avertir qu'au mépris de l'armistice, des bandes de Pavillons noirs au nombre de plusieurs milliers, descendus de Song-Tay, étaient venues faire une démonstration hostile devant la citadelle en faisant mine de vouloir l'attaquer.

Il sortit aussitôt et s'étant mis à la tête de quelques compagnons, il se porta en avant, à la poursuite des Annamites, qui battaient en retraite.

Emporté par son ardeur, il s'élance et tombe dans une embuscade.

Entouré aussitôt, il est percé de coups.

Lorsque ses compagnons arrivèrent pour lui porter secours, ils ne trouvèrent plus que ses restes mutilés. Sa tête avait été tranchée. Aidés par M. Dupuis et ses hommes, on poursuivit encore l'ennemi pendant cinq ou six kilomètres, mais il fallut bientôt rentrer dans la citadelle et y attendre la suite des événements.

Ainsi donc le pays nous était presque entièrement soumis. Nous allions recueillir le prix de tant d'efforts, enrichir la France d'une des plus belles colonies, quand un malheur irréparable, la mort de Garnier, venait, par une fatalité terrible, anéantir l'œuvre si laborieusement accomplie et rendre ces efforts inutiles.

En effet, peu de temps après arrivait à Hanoï pour remplacer Francis Garnier, M. Philastre, officier de marine envoyé par l'amiral Dupré, gouverneur de la Cochinchine, avec mission de pacifier le pays et de conclure un traité avec le roi d'Annam.

Dès son arrivée et malgré les représentations de M. Dupuis et des compagnons de Garnier, il ordonna l'évacuation de tous les points que nous occupions et malgré ses protestations, il forçait M. Dupuis à quitter le Tonkin sous peine d'être traité comme un forban.

Enfin le 15 mars 1874, l'amiral Dupré, se fiant, bien à tort, à la parole des ambassadeurs du roi Tu-Duc, signait à Saïgon un traité de paix par lequel, outre certains avantages, la France s'engageait à fournir les troupes nécessaires à la pacification du pays.

L'Annam, par contre, proclamait la liberté de la religion catholique, ouvrait au commerce les ports d'Hanoï, Haï-Phong, Thi-Naï, ainsi que le passage du fleuve Rouge et accordait une amnistie aux Tonkinois qui avaient embrassé notre cause.

Inutile d'ajouter qu'à peine ce traité avait-il été conclu, qu'au mépris de ses engagements, le roi Tu-Duc laissait persécuter les chrétiens et que des milliers de Tonkinois payaient de leur vie le dévouement qu'ils nous avaient témoigné.

Quant à M. Dupuis, ruiné, brisé, mais non découragé, il s'embarquait pour la France avec la ferme intention d'arriver, par tous les moyens, à se faire rendre justice.

L'heure en a tardé à venir, mais enfin elle est venue, et nul aujourd'hui n'oserait contester à M. Dupuis et à ses compagnons la part immense qui leur revient dans la conquête du Tonkin. Ils en ont été pour ainsi dire les initiateurs. Rendons hommage à leur énergie, à leur courage, à leur désintéressement.

La France ne doit pas être ingrate envers ses enfants !

Le 14 mai 1881, l'Académie des sciences, sur le rapport de M. l'amiral Mouchez, décernait à Jean Dupuis le prix Delalande-Guérineau, destiné au voyageur ou au savant français qui aura rendu le plus de services à la France ou à la science.

Voici comment s'exprimait le rapport en parlant de M. Dupuis :

« Un homme d'un caractère énergique, plein de courage, de hardiesse et de persévérance, vient de renouveler dans l'extrême-Orient, une de ces entreprises rappelant, comme celle de Doudard de la Grée dans le Mékong, ces épisodes légendaires qui, au XVIe siècle, caractérisèrent les conquêtes dans le Nouveau-Monde, qui firent momentanément la grandeur de l'Espagne et du Portugal.

» Il nous donne un fécond exemple de cette puissance de l'initiative privée, qualité trop rare et trop peu encouragée en France, etc. »

Il n'était pas possible de décerner un plus bel éloge à Jean Dupuis.

III

Nous ne nous étendrons pas sur la manière dont le traité de 1874 avait été exécuté. Violé en toute occasion, le passage du fleuve Rouge avait été fermé. Les persécutions contre les chrétiens ne faisaient que s'accroître chaque jour.

Les Pavillons noirs, que les mandarins avaient appelés et qu'ils entretenaient à leur solde, se livraient à toutes sortes de pillages et de pirateries. Le vol, l'incendie et le meurtre désolaient les Tonkinois sur lesquels le joug des mandarins pesait de plus en plus. Malheureusement les préoccupations de la politique intérieure de la France ne nous permettaient guère de nous intéresser d'une façon bien directe et bien vive aux événements qui se produisaient au delà des mers.

Passons brièvement sur cette triste période, où la politique d'abandon était à l'ordre du jour, pour arriver à l'époque où M. Le Myre de Villers, alors gouverneur de la Cochinchine, envoya au Tonkin des troupes sous les ordres du commandant Rivière, dans le but de mettre un terme aux incursions des Pavillons noirs.

La flottille arriva en 1882. Les Annamites, en nous voyant, se hâtèrent d'accumuler dans la citadelle des forces en nombre suffisant pour menacer notre sécurité.

Devant ces démonstrations hostiles, le commandant se décida à tenter l'assaut.

Après un combat héroïque de quelques heures, la citadelle fut prise.

Mais peu de jours après, le commandant Rivière reçut l'ordre de l'évacuer et d'occuper la ville.

Comprenant bien qu'il n'était pas en forces suffisantes pour lutter avec avantage, il fit demander des renforts se contentant de repousser de temps à autre, dans des sorties, les bandes qui cherchaient à l'entourer.

La question du Tonkin paraissait cependant sommeiller à Paris.

L'opinion publique elle-même semblait fort peu s'y intéresser, lorsqu'en mai 1883 éclata, comme un coup de foudre, une nouvelle terrifiante qui vint remuer profondément les fibres de l'amour-propre national.

Devant l'espèce d'abandon où paraissait avoir été laissé le commandant Rivière, les Pavillons noirs s'étaient enhardis peu à peu.

Rassemblant des forces considérables, ils avaient formé autour d'Hanoï un cercle de fer qui se resserrait de plus en plus.

Redoutant cette étreinte qui allait l'étouffer, le commandant Rivière résolut de tenter un effort pour la briser.

Une sortie fut décidée; le commandant, malade, mais n'écoutant que son courage, prit lui-même la direction de la colonne. Assailli par un ennemi bien supérieur en nombre, il tomba en héros, à la place même, dit-on, où, quelques années auparavant, avait péri Francis Garnier.

La mort du commandant mit la consternation dans les rangs de la petite troupe.

L'ordre de battre en retraite fut donné. On se retira en bon ordre, sans abandonner un seul canon ; mais il fallut se réfugier dans la citadelle et attendre des renforts.

La nouvelle de la mort du commandant Rivière et notre échec devant les Pavillons noirs eurent un retentissement considérable. On ne pouvait plus éluder la question.

L'opinion publique, surexcitée, demandait une vengeance prompte et décisive.

Les partis, comme toujours, exploitaient les événements pour combattre le ministère. Le gouvernement, parfaitement résolu à ne pas laisser violer les droits de la France, allait prendre des mesures énergiques et rapides.

Nous passerons brièvement, en les rappelant pour mémoire, les événements qui ont précédé les grandes opérations militaires, tels que la convention avec M. Bourée, l'envoi du général Bouët comme commandant de l'expédition, la nomination d'un commissaire civil M. Harmand, le traité de Hué, le retour inopiné du général Bouët, dont les causes ne sont pas encore bien connues, la mort de l'empereur Tu-Duc, pour arriver au moment des opérations actives, où le commandement en chef est confié à l'amiral Courbet. Enfin, à la prise de Sóng-Tay où la Chine et les Pavillons noirs avaient accumulé des moyens de défense considérables, et qui était, les événements l'ont démontré, le boulevard le plus important de la résistance.

Song-Tay, comme nous l'avons déjà indiqué, était un des principaux points stratégiques de l'ennemi; on a évalué à un nombre très important les Chinois et les Pavillons noirs accourus pour le défendre.

En une campagne de six jours, l'amiral Courbet s'est emparé de cette place dans des circonstances particulièrement émouvantes et héroïques, et qui font le plus grand honneur à nos vaillants soldats, à nos marins dont nous sommes fiers à juste titre, et à leur chef, auquel on ne saurait ménager les éloges.

Voici un récit d'un témoin oculaire tout palpitant encore des émotions et des péripéties de la lutte :

« Le 11 décembre, 3,000 hommes partent de Hanoï, par la grande route de Song-Tay et vont coucher au Day, à moitié chemin.

» A la même heure, 2,000 hommes, tirailleurs et artilleurs, s'embarquent sur la flottille composée de jonques, de canots à vapeur chinois, et arrivent à trois heures à l'entrée du Day.

» Ordre est donné à la canonnière *La Fanfare* de prendre le poste de grand'garde, pour éclairer le débarquement et protéger la marche en avant.

» Le 12 décembre, les troupes restées en arrière passent le Day et 5,000 hommes se trouvent réunis le soir.

» Le 13, les Chinois font sauter la digue, la rizière est inondée.

» Le 14 décembre, à six heures du matin, les opérations commencent, les canonnières prennent la première position pour balayer les défenses des trois digues.

» L'opération est presque terminée à huit heures, les troupes donnent l'assaut et les Chinois repassent les coupures en cédant le terrain pied à pied.

» Les trois premières batteries Lang-Thuy, les jonques et Phusa avaient ouvert le feu, dès sept heures.

» Les boulets d'une pièce de 30, placée à Lang-Thuy, arrivaient seuls.

» Les canonnières étaient à 3,000 mètres.

» A neuf heures, elles appareillent et vont prendre leur position. Elles balayent Phusa, la batterie qui est derrière les palanques, les treillis de bambous, les pagodes.

: » Les Chinois tombent, ils sont immédiatement remplacés.

» Les troupes destinées à l'assaut, turcos, tirailleurs, Annamites, infanterie de marine, attendent à plat ventre, à l'abri des digues, que la besogne des canonnières soit terminée.

» Pendant sept heures, les canonnières reçoivent une pluie de boulets.

» Ils sont heureusement mal tirés ; à quatre heures du soir, l'amiral fait cesser le feu sur les premières batteries et le fait ouvrir sur Lang-Thuy et les jonques.

» Pendant ce temps, on sonne la charge à terre ; Phusa ne tire plus que d'une pièce, les palanques, les treillis de bambous ont des trouées.

» Malgré cela, il se passe un terrible moment, les matas annamites essayent de passer la coupure, mais ne peuvent tenir sous le feu d'enfer de la digue.

» Les turcos s'acharnent, veulent passer quand même, et y réussissent en perdant un nombre relativement considérable d'hommes.

» Les matas sont alors ramenés, et les turcos chargent comme des forcenés.

» L'amiral est là impassible.

» Les Chinois, voyant cette masse se ruer à la baïonnette, commencent la retraite sur Phusa.

» Tous les retranchements sont enlevés et nous entrons dans Phusa, au moment où la dernière pièce envoie son dernier coup de canon.

» A huit heures nous étions maîtres de l'enceinte extérieure.

» Le 15 décembre, les Chinois reviennent à minuit en très grand nombre et reprennent Phusa.

» Les Français, aussitôt reformés, reprennent peu

après l'offensive et s'emparent de Phusa, cette fois pour toujours.

» A deux heures, nous allions mouiller devant Phun-Hi pour bombarder Song-Tay.

» L'enceinte extérieure était prise, restaient l'enceinte intérieure et la forteresse.

» L'amiral fait brûler tout le taillis, et établit ses batteries sur l'enceinte extérieure.

» Le 16 décembre, bombardement de l'enceinte intérieure.

» Le soir elle est prise par les marins et la légion étrangère.

» L'amiral essaye de couper la retraite des Chinois par le nord.

» Le lendemain 17, assaut de Song-Tay où nous entrons sans coup férir : les Chinois avaient évacué la citadelle. »

L'amiral trouvant son effectif insuffisant renonce à poursuivre l'ennemi.

Ainsi donc, la grande forteresse de Song-Tay, le repaire des Pavillons noirs, était en notre pouvoir.

Ils en avaient fait une place de guerre considérable, ce qui leur avait permis, après la mort du commandant Rivière, de venir incendier Hanoï.

Après les combats du 25 août et du 2 septembre où nous n'avions pu les repousser, ils s'étaient retirés dans Song-Tay, et c'était là qu'ils nous attendaient.

La prise de cette place était un fait d'armes considérable, qui faisait le plus grand honneur à l'amiral Courbet qui l'avait conduite avec une habileté et un sang-froid remarquables.

Il aurait pu, grisé par le succès, marcher immédiatement sur Bac-Ninh et en tenter l'assaut, mais comprenant qu'il n'était pas en force, il ne voulut pas compromettre l'avantage qu'il avait obtenu ; il préféra laisser à son successeur la gloire de terminer la campagne.

Après avoir laissé à Song-Tay une garnison suffisante, il rentra à Hanoï pour attendre l'arrivée des renforts envoyés de France et préparer la suite des opérations.

Nous ne savons ce que nous devons le plus admirer dans l'amiral Courbet, l'habileté et la bravoure avec lesquelles il a conduit l'opération de la prise de Song-Tay, ou sa modération et sa prudence.

Quelle leçon il a donnée aux ambitieux, qui ne craignent pas, afin de recueillir pour eux seuls l'honneur d'une campagne, de compromettre et d'anéantir les premiers succès.

Honneur donc à l'amiral Courbet qui restera une des physionomies les plus nobles et les plus sympathiques de l'histoire de notre conquête coloniale.

Il attendit, en conservant les positions conquises, l'arrivée de son successeur le général Millot qui venait d'être investi du commandement en chef.

A son arrivée, il lui remit la haute direction. Voici en quels termes simples et émus il fit ses adieux à ses troupes :

« Soldats et marins,

» Il y a deux mois, nous marchions sur Song-Tay, je comptais bien vous conduire aussi à Bac-Ninh : cet honneur ne m'est point réservé.

» Sous peu de jours, je dois remettre à M. le général Millot le commandement de l'expédition du Tonkin.

» Recevez mes adieux. C'est avec un profond chagrin que je vous quitte. Jamais je n'oublierai avec quelle bravoure vous avez tenu le drapeau de la France. Mon ambition eût été de partager encore vos dangers et votre gloire.

» J'applaudirai de tout mon cœur à vos nouveaux succès ! »

Un pays qui compte parmi ses enfants des caractères comme celui de l'amiral Courbet, ne périra jamais !

Pendant qu'on attendait l'arrivée du général Millot et des renforts expédiés de France, notre petit corps expéditionnaire ne perdait pas son temps.

Le pays était battu dans tous les sens autour de Song-Tay.

On faisait des reconnaissances à Bac-Ninh, car de temps à autre, les Pavillons noirs qui s'y étaient repliés se montraient, mais hors de portée de nos colonnes.

On signalait également la présence des réguliers chinois qui s'y concentraient.

Enfin, le 12 mars, le général Millot, commandant en chef, ayant sous ses ordres les généraux de brigade Brière de l'Isle et de Négrier, se mettait en marche sur Bac-Ninh avec un corps d'armée d'environ 10,000 hommes.

A Song-Tay, on avait attaqué l'ennemi de front, la lutte avait été des plus vives ; il avait fallu emporter d'assaut tous les ouvrages ; à Bac-Ninh, au contraire, les mouvements stratégiques habilement combinés nous avaient permis de tourner les positions et de nous rendre maîtres de la place avec fort peu de sacrifices.

Poussant l'ennemi devant lui, le général de Négrier faisait tomber les défenses et les batteries établies sur les bords du Song-koï, tandis que la flottille remontait le fleuve après s'être ouvert un passage dans les barrages qui l'obstruaient.

La défense des Chinois avait été peu sérieuse.

Craignant de voir couper leur ligne de retraite, et surtout préoccupés de ne pas se laisser cerner, nous pûmes entrer à Bac-Ninh sans coup férir.

C'était un résultat des plus importants, car la Chine y avait accumulé les moyens de résistance.

Ce succès, dû à l'habileté stratégique du général Millot, nous était ainsi annoncé par le télégraphe :

« Le mouvement stratégique a pleinement réussi ; nous sommes maitres de Bac-Ninh, les Chinois n'ont pas tenu.

» Ceux qui défendaient les hauteurs ont résisté mollement, craignant à chaque instant de voir notre avant-garde déboucher sur leur ligne de retraite.

» Celle-ci a enlevé, les uns après les autres, les villages de Song-Cau et les défenses des barrages que la flottille a détruits. »

Le général de Négrier atteignait ainsi Laï-Cau et Dap-Cau où se trouve le bac de la route de Chine et arrivait devant Bac-Ninh qu'il trouvait évacué.

Les prises de matériel que nous y faisions comprenaient plus de cent pièces de canon, une grande quantité de fusils, de nombreux drapeaux et des approvisionnements de poudre et de cartouches.

Un mois après, la concentration des brigades Brière de l'Isle et de Négrier s'opérait sur la droite de la rivière Noire.

Le 11 avril, la brigade Brière de l'Isle passait cette rivière à Bat-Bac, à douze kilomètres de son confluent. Elle devait suivre les montagnes et tourner la citadelle d'Hong-Hoa pour l'aborder par derrière, tandis que la brigade de Négrier ouvrait le feu contre la place.

L'ennemi, épouvanté par nos pièces à longue portée, la justesse de notre tir, passait en masse sur la rive gauche du fleuve Rouge.

Le 14, nous entrions à Hong-Hoa.

Par ce dernier fait d'armes, nous devenions les maîtres absolus du Delta.

La campagne était terminée. Il ne restait plus que quelques opérations accessoires sans grande importance.

IV

Ainsi donc, nous avons mis dix ans à réparer les conséquences fatales de l'intervention de M. Philastre et à nous retrouver au point où la mort de Francis Garnier avait laissé notre intervention au Tonkin.

La rapidité avec laquelle l'expédition a été conduite, l'énergie et l'habileté qu'ont déployées l'amiral Courbet et ensuite le général Millot, le succès de nos armes ont déconcerté la Chine.

Longtemps elle s'est bercée d'espérances entretenues par son ministre, le marquis de Tseng, qui comptait sur l'opposition pour triompher du gouvernement en lui faisant sinon abandonner l'expédition, du moins en lui refusant les crédits nécessaires et les moyens d'exécution.

Pour l'honneur de notre pays il en a été tout autrement.

Chaque fois que le gouvernement a dû s'adresser aux chambres, il a réuni autour de lui une majorité imposante, et nous avons même vu à notre grande joie des députés habitués à le combattre en toute occasion, monter à la tribune et déclarer avec un patriotisme digne d'éloges qu'ils voteraient sans hésiter les projets de loi du ministère.

Toutes ces circonstances ont donné à réfléchir à la Chine et l'ont engagée à renoncer à entrer en lutte ouverte avec nous.

Elle a senti que plus elle attendrait pour conclure un arrangement au sujet du Tonkin, plus nos exigences augmenteraient.

Il s'était déjà produit dans le gouvernement de la Chine des changements significatifs.

Le marquis de Tseng avait éte rappelé et remplacé par un diplomate qu'on disait favorable à des propositions de paix.

La Chine avait compris qu'elle n'avait plus rien à attendre d'elle-même et qu'il lui aurait été extrêmement plus difficile de nous faire sortir du Tonkin qu'il ne l'eût été de nous empêcher d'y entrer.

Elle a prudemment renoncé à cette politique dilatoire qui consiste à profiter habilement de la lassitude de ses adversaires.

Au reste, les Chinois, peuple essentiellement commerçant et industrieux, sauront tirer pour eux-mêmes un énorme profit d'un pays d'où nous aurons fait disparaître le brigandage qui y régnait à l'état d'institution, et qui deviendra sous notre protectorat une source de richesses considérables pour tous ceux qui viendront y fonder des établissements.

Un des hommes qui connaissent le mieux les pays de l'extrême-Orient pour les avoir pratiqués et explorés, M. Millot nous enseigne que le Tonkin est un pays magnifique. « Les plaines y sont d'une fertilité merveilleuse. »

Deux récoltes de riz et de maïs par an presque sans culture.

La canne à sucre, le coton, le café, le cacao, le thé, le tabac, la cannelle, l'indigo, le suif végétal, le vernis, l'anis étoilé, les bois d'ébénisterie et de construction y abondent.

Sous le rapport des productions minérales, c'est un des pays les plus riches de la terre : de l'or, de l'argent, du mercure, du zinc, du plomb, du fer, du bismuth, des pierres précieuses.

Des mines de charbon près des ports à fleur de terre.

Comme production du règne animal, le musc, les plumes, l'écaille, la nacre ; et, comme si ces richesses n'étaient pas suffisantes, une voie magnifique servant de canal d'échange.

Une population laborieuse, industrieuse, douce, sympathique à la France, qu'elle considère comme sa libératrice ; jusqu'à présent pillée par les mandarins annamites dont elle a une frayeur épouvantable.

La France, maîtresse dans l'océan Indien de la Cochinchine, du Cambodge et du Tonkin, possédera un empire colonial qui lui permettra d'attendre et de surveiller la marche des événements qui finiront par détruire à un moment donné les empires asiatiques voisins.

Le gouvernement de la République vient de doter la France d'une splendide colonie, et tout esprit impartial que n'aveuglera pas la passion politique, ne pourra nier que l'expédition du Tonkin, flatteuse pour l'amour-propre national, conduite avec une sûreté qui fait honneur aux chefs qui l'ont commandée, contribuera à relever le prestige de la France et sera pour le gouvernement un titre incontestable à la reconnaissance du pays.

Le traité conclu avec la Chine et dont nous connaissons les principales clauses comporte : reconnaissance du protectorat français sur l'Annam et le Tonkin, et, par suite, du traité de Hué et de tous les traités à intervenir entre la France et l'Annam ; fixation des limites du Tonkin aux frontières naturelles ; ouverture, *exclusivement* au commerce français, des provinces du Yunnan, du Kouang-Si et du Kouang-Tung ; engagement par la Chine de conclure avec la France un traité de commerce réservant à celle-ci des avantages particuliers.

Telles sont les conséquences de la politique résolue du gouvernement.

Il aura donné à la France la *Tunisie* et le *Tonkin*.

De pareils résultats se passent de commentaires.

15 mai 1884.

Paris. — Imp. Dubuisson et Cᵉ, rue Coq-Héron, 5.